식은 찻잔

차윤옥

계간문예

식은 찻잔

시인의 말

시의 씨앗에 물과 거름을 주고
정성을 기울였으나
튼실한 열매를 맺지 못해 부끄럽다.

나이테가 늘어날수록
인연의 뿌리는 점점 더 깊어진다.

나무는 뿌리가 깊을수록
바람에 흔들리지 않는다.

시의 씨앗에 더 진한
정성을 심고 싶다.

2024년 가을에
차윤옥

■ 차례

시인의 말 • 05

제1부

식은 찻잔 • 13
빗살무늬토기 속에는 • 14
성에꽃처럼 • 15
시드니 오페라하우스에서 • 16
이중섭의 빈방 • 17
아버지 말씀 • 18
붕어빵이 사는 강가 • 19
청어 • 20
동생은 • 21
봄 향기 • 22
늦가을 • 23
비상구 • 24
북 • 25
성장일기 • 26
원앙 가족 • 27
고향 언덕 • 28
사과 한쪽 • 29
황성옛터에 • 30

제2부

퇴고를 거듭하며 • 33
시 쓰는 일 • 34
맨발로 • 35
절명시 • 36
텅 빈 충만 • 37
한 사람 건너 • 38
비무장지대 DMZ • 39
허공에 머물던 해 • 40
불협화음 • 41
백로 • 42
매미의 기다림 • 43
보이지 않는 질서 • 44
하모니카 • 45
피아노 • 46
악보 넘겨주는 사람 • 47
바람 모서리에 등을 기대고 • 48

제 3 부

길 너머 길이 있다 • 51

종착역 • 52

긴 이별 • 53

모노리스Monolith • 54

폼페이에서 • 55

아크로폴리스를 떠나며 • 56

용문사 은행나무 • 57

용계 은행나무 • 58

배홀림기둥에 기대서서 • 59

소수서원 • 60

해가 짧은 가을날 • 61

황학동 벼룩시장 • 62

장생포를 위하여 • 63

고래 이야기 • 64

新하멜표류기 1 • 65

新하멜표류기 2 • 66

제4부

측백나무 • 69
백합 • 70
10월 장미 • 71
겨울 미라 • 72
호접란 • 73
생이가래 • 74
연꽃 미소 • 75
전등사 돌확에 핀 연꽃 • 76
가시연꽃 • 77
인연의 꽃 • 78
바람개비 • 79
지금이다 • 80
닫힌 창문 • 81
금성 • 82
낙원상가 • 83
일몰 • 84
이른 봄 • 85
순정 씨의 가을날 • 86

제5부

바닥 • 89
숨은 손길 • 90
폐타이어 • 91
백제금동대향로 • 92
천불천탑 • 93
궁남지 • 94
화엄사에서 • 95
잠자리 • 96
모자이크 • 97
소금 속에는 • 98
환절기 • 99
친구 • 100
진공청소기 • 101
새벽 단꿈 • 102
이끼 • 103
익선동 • 104

감상 김기덕 김현신 손희락 이오장 조승래 • 105

제1부

식은 찻잔

홍매가 흩날리면 당신을 만나러 가겠다고 약속했지요 바람에 매화나무가 목을 움츠릴 때 그늘을 지나다가 맺은 약속이 떠올랐지요

창밖은 어두워 주름 없던 이마도 지워지고 가지와 가지 사이에 매달린 바람만 분주한 이른 봄날, 차 한 잔의 여유로 촛불 밝혀 들고 무거웠던 화려함을 내려놓는 지혜를 배웁니다

긴 잠에서 깨어나 젖은 눈빛으로 바라보던 어제, 오늘은 그 어제의 마지막 끝자락인가요 꽃잎을 침실로 옮겨 머리맡에 뿌리면서 식은 찻잔에 당신의 더운 입술을 새깁니다

어머니

빗살무늬 토기 속에는

암사동 선사유적지에 비가 내린다

　어골문, 저 얄궂은 문양 속에는 할머니의 할머니, 그 할머니의 할머니가 시나브로 살아있다 사선으로 엮어진 상형문자의 비밀을 풀지 못한 까마득한 나날, 반들반들 빛나는 갈색으로 시간의 흐름을 버무려 놓았다 겉은 뾰족하나 은밀한 상처 이겨내며 속은 넓고 둥그렇게 활짝 웃는 모습이 보인다

　내리는 비는 빗살무늬 새기며 영역을 넓힌다

성에꽃처럼

　차창에 성에꽃을 달고 새벽버스가 달린다

　어젯밤 늦게 귀가한 아버지가 그려 놓았을까 아버지가 앉았던 자리에 내가 앉는다 온 세상을 꽃동산으로 만들고 싶어 하던 아버지, 세월의 깊이로 그려진 꽃잎이 지워질 때마다 아버지의 체취가 묻어난다 땀으로 뿌리내린 꽃들이 활짝 웃는다

　산다는 것은 겨울철 새벽버스 성에꽃처럼 차갑게 화려하다

시드니 오페라하우스에서

돛대는 바람이다

　파이프오르간 음기둥에 등을 기대고 더엉더엉 덩더쿵 더엉더엉 덩더쿵 북 치고 장구 치고 북 치고 장구 치고 북 치고 장구 치고 굿거리 장단에 숨가쁘다 세상 시름 다 내려놓고 세상 욕심 다 내려놓고 아리랑 아리랑 아라리요 아리랑 아리랑 아라리요 시드니 오페라하우스는 내부수리중 어긋난 꿈 마름모로 접고 객석에 홀로 앉아 북청 사자처럼 머리 흔든다 더엉더엉 덩더쿵…

　돛대도 춤을 춘다

이중섭의 빈방

소의 말이 가득한
한 평 반은 너무 넓어요

문턱에 걸터앉아 양담배 은박지를 건네주던 친구*의 근심이 허공에 더워집니다 옅은 담배 연기 사이로 황소의 맑은 두 눈에 마사코와 아이들의 웃음소리를 새겨 넣습니다
맞잡은 손을 놓지 못해 숨소리도 들리지 않아요 '춤추는 가족'은 곁에 없습니다 자맥질하던 제주 앞바다가 비틀거립니다 파도가 웃음을 삼켜버렸어요 다친 허리도 방파제 울타리 너머에서 서럽게 울어요 머물던 자리 고스란히 담아 가슴앓이합니다

뜨겁게 달구던 화두에
빈방이 자꾸 밟힙니다

*김광림 시인

아버지 말씀

성묘 끝내고
말을 걸어도 아무 말씀 없으신 아버지
살아계셨을 때
들려주시던 말씀만 귓가에 맴돈다
아무 말씀 안 하셔도
잘살고 있는 줄 아시는지
손 흔들며 돌아서는 길에
돌아보고
또 돌아보며

환청으로 들리는 말씀 귀에 걸고
말 많은 세상으로 발길을 옮긴다

붕어빵이 사는 강가

붕어빵이 사는 강가에 눈이 내린다

낙원동 골목
밀밭에서 불던 찬바람에 줄서기가 끝없다
바람 한입 베어 물고
골목길을 돌아나온다
뱃머리에 내려앉은 노을
돌리고 뒤집히면서
옆구리를 찔린 살찐 붕어빵
앞섶에 품은
아버지 발걸음이 바쁘다
붕어빵 심장은 따뜻하다

지느러미 펄떡이는 강
겨울은 점점 시들고
아버지의 힘으로 헤엄쳐 나간다

청어

살을 헤집다가 어머니의 참빗과 만난다

어머니의 손끝에서 발라진 청어 살은 일곱 남매 제비주둥이 입술에서 사라진다 앙상하게 남은 청어 가시, 마른 입맛을 다시던 어머니가 보인다 대서양을 건너 겹겹이 싸인 파도를 넘어 밥상에 오른 청어 구이, 어머니의 등 푸른 한숨은 아무렇지도 않게 맑다 참빗의 성긴 빗살을 어루만지며 바다를 견딘다 뼈만 앙상하게 남은 어머니의 손을 쓰다듬는다

어머니가 보고 싶은 날은 청어 구이로 아이들 밥상을 차린다

동생은

동생은 울음이 많았다
별일 아닌 일로도 자주 울었다

동생이 울면
고향 마을을 지키는
500년이 넘었다는 회화나무 기둥에 매달린
매미도 종일 울었다

그 여름에 동생은
아침저녁으로 노래를 불렀다
성장통을 거친 동생의 성대聲帶는
나날이 넓고 높았다

500년이 넘었다는 회화나무 기둥에 매달린
매미도 노래를 불렀다

봄 향기

딩동딩동
초인종을 입에 문 상자가
문 밖에서 기다리고 있다
상자를 열자 고향 향기가 품에 안겨든다

쑥개떡 쑥송편 쑥버무리 두릅 머위 엄나물 산나물

산에서 들에서
겨우내 쑥쑥 자라
동생댁 손끝을 거쳐
내 앞에 나타난 고향의 봄 향기

코로나로 답답한
식구들 게으름을 깨우는
동생댁 마음밭이다

동생댁 손끝에 내 마음을 더해
코로나로 갇힌 이웃에 전한다
딩동딩동

늦가을

둥근 노을이 산길을 더듬는다

서리 내린 들판에서
허리 굽은 할머니가
무릎 꺾인 수수깡에 기대서서
해를 넘긴다

까마귀 울음소리가 들린다

비상구

요양원에는 비상구가 없다

집으로 돌아가는 문은
열리지 않았다

아들이 의사라고 자랑하던 할머니가
시신으로 운구運柩되는 저녁나절에
비로소 하늘 문이 열렸다

집으로 돌아가는 길
아무도 비상구를 알려주지 않았다

천천히, 천천히
비상구 불빛이 깜빡거린다

북

살아선 몰랐다

죽어서 노래하기 위해
비우고 또 비운다
맞으며 또 맞으며
살아선 채찍으로
죽어서 북채로 남는다

한 마디 노래를 위해 평생토록 가슴을 친다

성장일기

자서전 한 줄 남긴다

숨죽여 살아온
주름진 이마에 과거가 묻어난다

계절마다 다른 향기의 그림을 그린다

늘어진 그림자 따라
달이 뜨고 해가 솟는다

계절마다 다른 빛깔의 노래를 부른다

원앙 가족

새끼 원앙들이
나무 둥지를 떠난다

목숨 걸고 펼치는 아찔한 하강에
고달픈 삶이 시작된다

엄마 원앙이 새끼들을 거느리고
춘당지로 데려간다

고비마다 도사린 하강에도
원앙 가족이 유유히 함께 간다

고향 언덕

고향은 열려 있는 쉼터이다

징검다리 건너 새참을 이고 오던 어머니와
막걸리 주전자 들고 뒤따르던 남동생이 보인다

모처럼 찾아가
산 그림자 내리는 고향 언덕에 홀로 서면

가난이 부끄럽지 않았던
그 시절의 초록빛 꿈이 보인다

고향은 내 꿈이 일어서는 디딤돌이다

사과 한쪽

사등분해서 한쪽씩 먹는다

딸아이가 파리로 유학을 떠나니
사과 한쪽이 남는다

잘 익은 사과 열매를 기대하며
벽에 걸린 가족사진을 쳐다본다

오늘도 사과를 사등분한다

황성 옛터에

시간이 쌓이면
귀명창이 되는가

가요무대에서
아버지의 목소리가 내려앉는다

마른하늘이 흘리는 눈물도
손수건을 적시는가

아버지의 가락이
내 마음밭에서 더워지면

보이지 않는 묵언이
황성 옛터에 쌓인다

제2부

퇴고를 거듭하며

시를 자른다

전지가위에 목이 꺾인다 뭉툭뭉툭 잘려 나간 팔에 시퍼런 피가 흐른다
얼마나 더 잘리고 얼마나 더 꺾이고 얼마나 더 참아야 하는지, 뿌리까지 깊은 상처에서 비로소 새순이 돋는다

나무 닮은 삶을 돌아본다 잘리고 꺾여도 꿋꿋한 나무, 삶의 뒷모습을 보듬으며 시간이 잘려 나간 하늘을 쳐다본다 새살이 여물 때까지 짊어져야 할 그리움은 꽃으로 피어난다

삶의 무늬에 시를 새긴다

시 쓰는 일

과거와 미래를 껴안으며
허공을 반죽한다

오목 낱말과
볼록 낱말이 만나
우주 기원을 더듬는다

낮과 밤의 경계에서
서로 뒤엉킨 낱말들
세포 하나하나

가슴에 새겨진 노래 하나
심금을 울린다

맨발로

맨발로 시의 길을 걷는다

숲속에 뿌리내린 흙길도
제 몸을 뒤척이며
마음 문 아프게 열어준다

풀벌레가 시를 읽는 동안은
시 속으로 걷는 발걸음이 무겁고
시의 여백마다 한숨이 새겨진다

맨발로 시의 길을 걸으며
푸르게 피어나는 경전 속에서
영혼에 스치는 잠언을 밟는다

시의 맥과 시의 결에 맨발을 얹고

절명시

파도의 몸부림이다

시작과 끝
죽을힘을 다해 뒤집고
때리고 부순다
아무리 찾아도 찾을 수 없고
아무리 들여다보아도 보이지 않는

알파와 오메가
어디에 마침표를 찍어야 하나

텅 빈 충만

지천으로 피어도
예쁘게 봐주는 이가 없다면
아무것도 아니다

꽃인 듯 봐주니
예쁘게 보인다

내밀함의 발현이
세상을 아름답게 한다

시는 사시사철
장소를 가리지 않는다

텅 빈 충만 속에
꽃들의 열반을 본다

한 사람 건너

사진 속의 나는
한 사람 건너다

그의 기억 속에서
나는 너무 멀리 떠나왔다

돌아갈 수 없는
그 차가운 길목

비무장지대 DMZ

JSA에는 비무장이 없다

꽃과 새들 속에서도
장병들은 중무장에 힘겹다

눈 감지 못하고 뒤척이는
무명용사들의 비목,
아직도 푸른 꿈에 젖어 있다

언제 타오를지 모르는 휴화산
너무 오래 숨바꼭질했다

이제는 낯선 유배를 끝내야 한다
나침반을 높이 들어야 한다

허공에 머물던 해

소리의 근원은 농밀하다

깃발은 바람이다
공중에 걸려 흔들릴 때마다 또 흔들린다

바람을 붙들고 잎들이 떠난다
새들의 노래보다 높은 소리로
구름 위에 앉는다

허공에 머물던 해는
가로등에 슬며시 기대앉는다

불협화음

현의 길이에 반비례한다

베타와 감마
순정 5도 완전 8도
도레미파솔라시
짧을수록 높은 소리가 나고
길수록 낮은 소리가 난다

헤파이토스의 망치 소리를 듣는 순간
음정의 높낮이로 노래한다
어쩔 수 없는
불협화음의 미학

백로

백로白露 지난 가을 저녁
소나무에 백로白鷺가 피었다

물가로 날아간 백로
위풍당당한 날갯짓
슬그머니 감추고
삼매경에 빠져 있다
긴 부리
긴 모가지
긴 다리
뚫어져라, 꼼짝 않고
물속의 제 그림자를 들여다보며*
숨고르기 하는 동안
물속의 물고기들 바짝 긴장한다

풀잎에 맺힌 이슬,
세상을 건넌다

* 노천명의 〈사슴〉에서 인용

매미의 기다림

여름은 한순간의 설렘이다

목련나무가 속삭이고
산수유나무가 찬란하다
7년 만의 우화羽化
나무들이 반짝거린다
매앰매앰매앰 합창소리
끝없는 기다림의 오덕
나무마다 성대결절이 생겼다

육신은 벗어놓고
익선관翼善冠을 쓴다

보이지 않는 질서

어둠 속에서
어둠보다 더 까만 어둠을 생각한다

공동묘지에 칸칸이 누워 있는
비좁은 죽음
종횡으로 칸칸이 유폐되어
현실과 차단된 세계

지옥에서
연옥에서
천국에서

칸칸이 거친 표면
존재의 경계가 흐릿해졌다

어둠과 동거하는 일상에 찾아온 햇살
보이지 않는 질서가 보인다

하모니카

내 숨결의 하모니

칸칸이 높낮이로 들어갔다 나오면
천상의 목소리로 심금을 울려준다
울림판의 진동은 들숨과 날숨의 조화로
숭숭 뚫린 구멍 마다
하나둘 꽃이 피어난다
누구나 가까이
손놀림은 자유롭다

내 인생의 하모니는 외롭다

피아노

사랑은 음악기호다

모데라토-보통 빠르게
안단테-느리게
알레그레토-조금 빠르게

때로는 작게 때로는 크게

하얗게 52번
검게 36번
피아노포르테

여리게 세게 두드린다

악보 넘겨주는 사람

존재가 부재보다 크다

당신 떠난 자리
당신이 있던 자리
바이올린을 켜는
피아노를 치는
보이지 않는 연주

소리 나지 않는
소나타가 손끝에서 춤춘다

울지 않았다고
슬프지 않은 것은 아니라고

바람 모서리에 등을 기대고

바람은 창문 앞에서 소리 내지 않는다 숨죽여 우는 것은 바람 모서리에 등을 기대고 고개 들어 기웃거리는 몸살 난 자작나무 가지다

눈은 소곤거리면서 내리지 않는다 천 마리 만 마리 나비 날개로 떠오르면서 비껴 갈 뿐이다. 소곤거리면서 비껴가는 것은 그리움의 촉수에 귀를 얹어놓고 외롭다고 소리치고 싶은 가지 무성한 대숲이다

빗물은 소리내어 흐느끼지 않는다 젖은 영혼의 추녀 끝에 매달려 이루지 못한 꿈에 밤을 뒤척이는 서글픈 몸짓이다

자작나무도 대숲도 빗물도 울지 않으려고 바람 모서리에 등을 기댄다

제3부

길 너머 길이 있다

세상의 길이 꿈틀거린다

봄 햇살에 전설이 들어설 때
꽃들이 덩달아 흔들리고
길 따라 계절이 바뀐다

겨울에서 봄으로 이동하는 길섶에
오솔길을 가로질러
지붕이 피어나고 건물이 솟아난다

출발지에서 종착지를 향해
수많은 지문을 숨긴 길 너머 길이
부끄럽게 숨어있다

길에 나가 바람의 행방을 물어보라
구름은 가던 길 멈추고
길 너머 길이 나이테를 삼킨다

종착역

멎어버린 열차는 안다

돌아보면 굴곡진 언덕에
비바람 눈보라도 넘치고

자서전 마지막 페이지는
굴레를 벗어난 자유이기를

열차는 돌아보지 않는다

긴 이별

숨죽이며 살아온 슬픔의 끈
쓰라린 통증을 감춘
삶의 영혼이 펄럭인다
바람 따라 흩어지는
나무 지느러미 눈물샘을 자극한다

놓친 손 다시 잡지 못해
시린 가슴 모아 잡고
긴 이별을 떠올리며
기억의 구름 불러 모은다

햇빛 짙은 오후
나무 그늘에 앉아
마당 구석진 곳 응시한다

지금은 묵언수행중이다

모노리스 Monolith

  욕망은 뒤엉킨 삶의 바퀴다

  자식을 품에 안은 어머니, 아버지에게 매달린 아이, 모노리스에 기대앉은 노인… 빈손에서 빈손으로 이어지는 매끄러운 화강암 질감에 닿은 삶의 굴레는 끝없이 뜨겁다 내면의 소리가 얹힌다 희망과 슬픔을 버무린 돌기둥은 사차원의 현재진행형이다

  욕망은 치솟는 삶의 기폭인가

폼페이에서

폼페이는 살아있다

베수비오 화산재에 덮인 화석 속에서는
뱃속의 아이를 껴안은
어머니의 굽은 등이 보인다

바람은 구석구석에서 울고
폐허에는 작열하는 태양을 머리에 얹고
관광객의 발걸음은 이리도 넘쳐난다

돌무더기 사이에는
예나 지금이나 꽃은 피고 지고
사연이 긴 지중해의 여름이 끓는다

풀리지 않는 수수께끼
우리가 사는 세상이
또 잿더미 되는 최후의 날은…

폼페이는 새로운 역사를 새긴다

아크로폴리스를 떠나며

신들이 떠났다

아폴론 신전에서
파르테논 신전에서
신들이 처소를 버렸다

성스러운 입맞춤도 무너졌다
정화수의 경건한 마음도
중병에 걸려 시름시름 앓는다
신들의 영광은 세상을 바꿔놓고

아픈 사연도 많이 남아
천만 년 지핀
불기둥에 새긴 비밀에 눈길을 묻고
이방인의 발길은 한숨만큼 무겁다

용문사 은행나무

 천년의 약속을 입에 물고 용문사 은행나무는 그 자리에 박혀 있다. 나무줄기 아래 숨은 혹이 여태도 아물지 못했다. 조선왕조실록의 갈피에 고인 피맺힌 한숨처럼 고통도 상처도 나무기둥 몫이다 당상관 품계를 지키며 꼿꼿하게 천년을 지켜온 시간, 드리워진 그늘에서 쉬어가던 나그네들의 한숨이 주렁주렁 열렸다

 해가 뜨고 달이 지고 별이 열리는 천년에도 가지와 가지 사이의 간격은 너무 멀다 무성한 잎으로 새들을 불러 모아 세월의 나이테를 감아 도는 경이로운 계절로 밀려간다 나무에 기대어 눈을 감는다 바람의 전설 속에서 마의태자가 보이고 의상대사가 웃는다

 뿌리의 말을 받아 쟁기는 시간은 너무 짧다

용계 은행나무

큰 몸짓
황금빛 장삼 도포 걸치고
침묵 끝에 던지는 한 마디에
귀 기울인다

700년 세월
수많은 말이 쌓여
밑이 썩고
가지도 썩었다

수몰될 뻔한
임하댐 내려다본다

물 위의 정자나무,
천연기념물 175호

배흘림기둥에 기대서서

 부석사 무량수전 배흘림기둥에 기대서서 묵언수행을 배운다

 거대한 발톱이 등골을 긁는다 마음 연꽃 떼어내 꽃밭 귀퉁이에 심는다 별이 뜨고, 별이 지고, 발길 멎은 그곳에서 마주친 석가모니, 흩어지고 망가지면서 비로소 돋아나는 말씀이 열린다 안양문 지나 무량수전에 이르러 자문자답한다 선묘 낭자의 부석이 어른거린다

 부석사 무량수전 배흘림기둥에 기대서서 경전말씀을 받는다

소수서원

곡진한 삶의 심연을 외면하고
뿌리째 드러낸 소나무의 어록을 읽는다

눈물짓는 한 폭의 풍경화
휘청거리는 나이테 속에 들어앉았다
소나무들이 도열한 길가에
강학당 선비들의 낭창 소리 가득하다
솔바람에 은은하게 퍼지는 향기
죽계교 건너는 푸른 기상과 손을 잡는다

돌올한 공자왈 맹자왈
극점에 다다른 생의
마지막 단말마 斷末魔

흐르는 물소리 하늘에 닿는다

해가 짧은 가을날

로그인 하고 싶은 날에는

　부석사 가는 길 사과 과수원에는 온갖 이야기가 주렁주렁 열려 있다 구도構圖가 멋대로 잡힌 정물화가 와락 달려든다 구도求道의 길로 들어선 가을은 풍요롭다 나무에 매달린 연등에 산새 한 쌍 앉아 바람의 독경에 젖는다 봉황산 자락이 길게 그림자를 드리우면 선비화 꽃잎도 쉬어간다 영원한 사랑에 로그인하고,

　해가 서산을 기웃거리면 내 마음은 로그아웃 한다

황학동 벼룩시장

황학동에는 도깨비가 산다

헌책과 중고 만년필
중고 비디오
골동품들이 모여 만물 박물관이 되었다
추억의 보물창고는 오래될수록 좋고
되짚어 볼수록 정이 묻어 있다
친구의 어제도 나의 오늘도
LP판에서 흘러나오는 노랫소리에 젖어든다

누군가가 버린 시간이 널려 있다
고장 난 시계도 감쪽같이 살려내는

장생포를 위하여

밀물과 썰물로
무수한 시간 오간다

늘 깨어있는 섬에 다다르면
새들도 쉬어 가고 싶은
바다가 되고 싶다
바다를 배우려고 그대를 모방하고
나를 비우고 깊은 그대를 배운다
비바람 이겨내고
살며시 속삭여 주던 밀어들
이제는 아무것도 기억나지 않지만
손에 손 잡고 기쁜 사랑 채운다

흘러간 메아리
다시는 돌아오지 못한다 해도
진실의 물이랑 위에 기쁨의 눈물 떨구며
나는 나답게, 바다는 그대답게
장생포를 위하여 다시 노래 부른다

고래 이야기

바다는 고래가 되고
고래는 바다가 된다

나는 누군가의 고래가 되고 누군가는 나의 고래가 된다 고래의 기원 찾아, 미증유의 신비 찾아 망망대해 떠도는 유목민의 삶, 수천 년 전 선사시대에 우리 조상이 남긴 반구대암각화 기하학적 무늬를 더듬다 보면 공룡을 만나고 고래도 만난다

물살 헤치며 깊은 바다로 유영하는 진화된 춤사위에 설레는 가슴 동시대의 희망을 노래하고 푸른 바다 이야기 꽃 피우다 보면 자맥질하던 고래 떼와도 만난다 수억 광년光年 떨어진 어느 은하계에서 날아온 별빛인가 수억 광년曠年 우주를 떠돌다가 고래를 만나기 위해 지금 내 가슴 속에서 부활하고 있다

반구대암각화의 역사를 품고
태화강은 오늘도 흐른다

新하멜표류기 1

제주 산방산 용머리 해안가
아직도 표류하고 있다

17세기에서 21세기
희망의 뿌리 보이지 않더라도
잃어버린 노래 찾아
잠 못 드는 바닷가
꿈속에서도 세세히 들리는
꿈속에서도 낱낱이 보이는
하늘에 길을 만들어
새가 되어 날아서라도
바다에 길을 만들어
물고기가 되어서라도
돌아가야 한다
다시는 길을 잃지 말아야 한다

돌아가야 한다, 꿈의 둥지로

新하멜표류기 2

낮이 되고 밤이 되어도
비가 내리고 눈이 내려도
봄이 되고 또다시 봄이 되어도
바다는 거기 있고
목적지 잃은 하멜도 거기 있다

물새가 그려놓은 포물선 따라
엉킨 실타래 풀기 위해
모래밭에 주저앉아
지나간 시간을 낚고 있다
이국 땅 부둣가에서
수평선을 바라보며
지워진 바닷길 헤매고 더듬으며

길을 만든다, 역사를 만든다

제4부

측백나무

초록의 순수는 평화다

사계절 푸르게
하늘을 꿈꾸는 은유시인이다
아무도 이름을 불러주지 않아도
꽃을 피우지 못해도
눈부신 햇살에 흔들리는
못내 사무치는 향기로
한겨울 가슴에 눈이 쌓이면
넓은 품 새둥지로 내어주고는
하얀 그림자 길게 늘이며
오롯이 그대를 위해
거친 바람 이겨내며
두 손 감싸 쥔다

초록의 순수는 기도다

백합

네 앞에 서면
내 마음의 주름이 펴진다
너는 나에게
향기의 행방을 묻는다

고개 숙인 슬픔
이별에 길들여질 때
깨달음 하나
흔적으로 남는다

독무보다 군무가 더 외로울 때
내가 너의 이름을 불러준다

10월 장미

골목길 담장 아래
10월 장미가 숨 가쁘다

쪼그리고 마주 앉아
"반가워"
소리 죽여 건넨다

피고 지고 피고 지는
저 화려한 유혹도
줄기에 걸린 벌들이 망설인다

철 지난 내 꿈이여

겨울 미라

겨울 담장에 매달려 있는 담쟁이
더 높이 오르려고
꼬물꼬물 올라서던
그 발길,

내려오는 길을 잃었나 보다

사라진 견갑골이 삐걱거릴 때마다
얼어붙은 바람
꿈길에서 멎어 버린
그 심장,

죽은 시간이 절벽을 깨운다

호접란

홀로 앉아 있다

나비,
활짝 핀 호접란에

접혔다 펼쳐지고
펼쳐졌다 다시 접힌다

봄날은 뜨거운 혼돈인가

나비인가 꽃인가
꽃인가 나비인가

생이가래

땅속 깊이 접고 싶다

다시 앓는 슬픔
해마다 반복되는
비정규직의 몸살
해임 통고에 떠는
한해살이풀

연못에 떠서 흔들린다

연꽃 미소

젖어들수록 은밀하게
저렇게 화려하게 치장하고
저렇게 요란하게 분출하고 있구나

감추고 또 감추려고

봄비 내리고 햇빛 스쳤을 뿐
점점 무거워지는 향기 내려놓고
점점 꽃잎은 더 맑아지고 있구나

욱여드는 영원의 미소여

전등사 돌확에 핀 연꽃

연꽃이다

시작도 끝도
연화 주춧돌로 기둥 앉히고,
연화무늬 새겨 높이 세운다
문살, 주련, 서까래도
천장 중앙에 연꽃 그려 넣고

전등사 돌확에 핀
연꽃 한 송이
수줍게 웃고 있다

법문 웃음이 활짝 피었다

가시연꽃

도도하게 웃는 여인이다

낮에는 열고
밤에는 닫는

가시 돋은 아름다움
은장도를 품고

생명의 도화선 따라
순간에서 영원으로
신음하며 만개한
잎도 가지도 꽃도
가시로 무장한
사랑은 고통이다

날카롭게 활짝 핀 여인이다

인연의 꽃

진흙탕에 뿌리 내려도
여린 꽃술에 손가락 걸고

아득히 먼 그대 발등에
피어나는 향기보다 더 짙을까

궁남지에 핀 연꽃 두 송이
왜가리 날개에 꽃등 걸고

하늘에 닿는 기도 끝에
소망하던 꿈보다 더 아득할까

바람개비

내 의지대로 살 수 없다

바람이 세게 불거나
바람이 머뭇거리거나
꽃밭에 피어있는 꽃들도
각양각색으로 웃고 있다

노랗게 빨갛게
어느 순간
개성보다는 화합으로 보인다

지금이다

골목길이다

말을 잃고 후각을 잃고 나니
생각이 막혔다
코로나19는 아직 꿈속이다
봄이 되어도
산수유 꽃이 필 생각을 하지 않는다
사유의 굴절은
무의식의 흐름으로 안전하다

나무에 앉아 노래 부르는 새소리에
머뭇거리던 은유가 활짝 웃는다

지금이다
방향을 되찾은 날,

닫힌 창문

어느 날 문득 길을 잃었다

창문이 닫히고 담이 솟았다
보이지 않는 주름이 생겨나
어둠을 만들고, 세상을 흔든다

내 안에 들어 있던 웃음소리
창문을 통해
도시 저편,
세상 저편을 망연히 바라본다

코로나 세상에 갇힌
새들이 노래를 잃었다

나시 태어나는 기억 앞에
꽃이 지고 시간이 끊긴다
각주脚註를 꼼꼼하게 살피며
일상을 편집한다

금성

사랑은 금성이다

샛별이다
개밥바라기별이다
베아트리체를 그리워하는 단테
스스로 내지 못하는 빛
혼자서는 별이 아니다
태양이 있어서 별이다

네가 있어 빛난다

낙원상가

낙원상가에는 낙원이 없다

재래시장
악기상가
영화관
노래방
아파트

도로 위에 자리 잡은
길이 쌓여 이룬 낙원
수많은 사연이 흐른다

내가 선 길이 곧 낙원이다

일몰

하늘이 수줍다

불그스레 영역을 넓혀도
마냥 좋은 시절만 있을 줄 알고
준비하지 못한
계절이 지나간 자리

수줍은 달빛 고개 내민다

이른 봄

땅속에서 우아한 속삭임이 들린다

겨우내
눈 속에서 꼭 잡았던 손을 놓고
복수초가 노랗게 해산하면
봄의 정맥도 바르르 떨린다
너도 나도
들썩이며 어깨 춤추면
꽃망울을 매단 매화도 덩달아
상처 하나 없이 환하게
태양을 느낄 준비중이다

새로운 세상 일구겠다는
일념 하나로
긴 겨울 이겨낸 민초들

광화문광장에서
청계천 물살에 기댄
봄은 섬세한 혁명이다

순정 씨의 가을날

드디어 꽃을 그렸다
그리지 않겠다던 꽃을 그렸다

가을날 새로운 출발
다소곳하던 부케가 허공에서 춤춘다
허공으로 던져진 꿈의 이동

이제 시작한 행복
스스로 쌓은 담을 허물고
오래 혼자일 생각을 허물고
그리하여 오십 살 넘어 만난 인생의 꽃

흔들리지 않는 계절마다
덧칠하지 않는 사랑을 품고
가까이에 있는 손잡고
눈물의 뼈를 곧추세운다

제 5 부

바닥

보이지 않는 바닥을 찾느라
오늘도 지구는 돌고 있다

아무리 닦아도
바닥이 보이지 않을 때가 있다
우주를 떠받치고 있는
바닥은 힘이 세다

바닥의 힘으로 견디며
바닥의 힘으로 꿈꾼다

숨은 손길

그냥 버려두었다

어느 새 활짝 핀
히야신스
어딘가에 있던
숨은 손길
꿈속에 어루만졌을까

봄 활짝 웃는다

페타이어

길냥이도 부르고
제비꽃도 부른다

깃들어 살라고
남은 생 비워놓고 문을 열었다

욕심을 비우니
천국이 따로 없다

백제금동대향로

불타고 있다

햇살로 빚은 빛
천년을 뜨겁게

혼이 타고 있다

백제 장인의
국보 287호

끝자락에 새겨진 백제 시간
하늘로 그 꿈
날고 싶은 용의 몸부림

다시 천년을 꿈꾸는
그대와 내가 있다

천불천탑

천년의 침묵으로 마모된 미소
연습하고 연습해도
헛웃음을 웃을 수밖에 없는
불가사의한 신비
할머니부처 할아버지부처
아내부처 남편부처
딸부처 아들부처
풍화와 침식을 버티어 낸 사이
있어야 할 것이 있고
없어야 할 것이 없는
투명한 세상을 꿈꾼다
우리 이웃의 얼굴이 모두 부처임을
깨닫는 오늘,

천년 침묵을 깨고 활짝 웃는다

궁남지

흙 속에는 천년이 흐른다

심어 놓은 사랑 하나
서동요 노래에 취해
꿈에서 피어난다

비 그친 풍경 속에
무지개로 피어난 연꽃

향기에 취한 개개비도
휘파람 불며
궁남지에 발을 담근다

화엄사에서

귓가에 풍경소리 닿는다

구층암 석등 앞에서
나무들의 목소리,
꽃들의 이야기
두 손 모을 때쯤이면
덕지덕지 붙어있던 욕심 덩어리
바람보다 먼저 어디론가 사라진다

묵언의 꿈을 심어준
무수한 눈부처

스스로 꽃이 되고
스스로 길이 된다

잠자리

혼적조차 없다

하루 종일
하늘 공책에 편지를 썼는데
아무리 읽으려 해도

바람이 지웠나
구름이 지웠나
잠자리 한 마리
가을 하늘 날고

그 사이
야생화 무리지어 활짝 웃는다

모자이크

입체를 소거하면 평면이 될까

사각형은 이차원이 되고
상상의 사유는 소용돌이친다
보라색 위에 보라색을 칠하면
기하학적 형태가 보일까
점은 선이 되고 선은 공간을 나누고
현실은 추상이 되고 추상은 현실이 된다
고정되어 있지 않은 순간의 좌표는
때때로 거역하는 입체다

왜곡된 편집은 익명성을 유추하고
애매한 무늬마다 비잔틴이 웃는다

소금 속에는

소금 속에는
바닷물에 절인 토끼 간도 걸려 있을 게고
소금 속에는
심청이 연잎 하나도 숨어 있을 게다

소금 속에는
견우 직녀가 뿌린 눈물 한 줌도 널려 있고
소금 속에는
어부의 메마른 한숨도 엮여 있을 게다

소금 속에는
바람보다 더 무거운
시간의 씨줄도 걸려 있을 게다

환절기

계절이 가렵다

바람이 휘어진 곳에
꽃잎이 지고 있다
고개 너머 오르막에서
그림자도 길게 휘어진다
멎어버린 가려운 발길
어느 계절인가

면역력 높은 초록을 다듬는 시간
이제 더 이상 가렵지 않다

친구

산에 가면 모두 친구가 된다

계곡 물소리가 따라온다
혼자 걸으면 심심하지 않느냐며
물안개가 다가와 앞에 앉는다
바람도 따라와 기웃거린다

이만큼 자라기까지
얼마나 많은 시간이 걸렸는지 아느냐고
산 정상에서 하늘까지
발돋음하며
나무도 고개를 갸웃거리고
자꾸 말을 걸어온다
정상에 오를 때까지
산은 한 마디 말도 섞지 않는다

새들도
어울려 노래잔치 펼친다

진공청소기

나는 혼자서도 잘 논다

쉬이잉, 쉬이잉
집진통은 우주다
보이지 않는다고 무시한 비밀이다

수성 금성 지구 화성 목성 토성 천왕성 해왕성
태양계 행성은 스스로 빛을 내지 못한다

카론 닉스 히드라
퇴출당한 명왕성은
지옥의 강을 건너
플루토에게 영혼을 건네주어
심판 받는다

나는 우주다

*플루토 : 그리스 신화에 나오는 지옥의 왕

새벽 단꿈

  봉고차에 실려 온 사내들이 비닐하우스로 들어간다 해종일 매운 고추에 시달린 노독路毒 끝에 지폐 몇 장 받아 쥔다 선술집 구석에 피곤한 몸을 기대어 소주 한두 잔 기울이며 입맛을 당긴다 올망졸망 아이들의 눈동자와 더워지는 아내의 한숨이 눈에 밟힌다 채우고 싶은 술잔을 내려놓고 선술집 문턱을 나서는 사내들의 가슴에 새벽 단꿈이 얹힌다

  목이 마른다

이끼

바위에 새겨진 점묘화를 본다

북한산 올라가는 길섶에
어디선가 날아온 새 한 마리
*샤갈의 눈마을을 다시 읽는다

겨우내 공양하고도
새싹 틔우는 푸른 나무에서
세상 이치가 뜨겁게 열린다

바위틈에서
고개 내민 매화 송이마다
차오르는 시심詩心 더욱 깊다

바위에 새겨진 점묘화를 다시 읽는다

*김춘수 〈샤갈의 마을에 내리는 눈〉에서 차용

익선동

골목이 기웃거린다

가로등 불빛이 돋아나면
익선동 거리도 눈을 뜬다

포차에서 어묵탕에 소주 한 잔으로
하루를 잠재우는
고 팀장의 남루한 웃음소리
오늘도 많이 바빴다
오늘은 투명한 얼굴로 퇴근할 수 있을까

낯선 얼굴들이
비좁은 골목을 기웃거린다

감상

김기덕 김현신 손희락 이오장 조승래

| 감상 |

차윤옥의 <길 너머 길이 있다>

세상의 길이 꿈틀거린다

봄 햇살에 전설이 들어설 때
꽃들이 덩달아 흔들리고
길 따라 계절이 바뀐다

겨울에서 봄으로 이동하는 길섶에
오솔길을 가로질러
지붕이 피어나고 건물이 솟아난다

출발지에서 종착지를 향해
수많은 지문을 숨긴 길 너머 길이
부끄럽게 숨어있다

길에 나가 바람의 행방을 물어보라
구름은 가던 길 멈추고
길 너머 길이 나이테를 삼킨다

인간은 예상된 일들에 대해서는 호기심을 갖지 않는다. 예상된 일들의 반복은 식상함을 가져오기 때문이다. 뇌에서 느끼는

식상함은 익숙한 파동의 반복으로 일어난다. 뇌는 머리 안에 갇혀 있지만 바깥세상의 모습을 재구성할 수 있다. 문자를 통해 전달된 의미나 이미지는 공명으로 뇌 속에서 재구성되며 기억과 비교를 만든다. 그리고 그 비교 속에서 식상한 것들은 효율적인 기억을 위해 거부감으로 작동된다.

차윤옥 시인의 〈길 너머 길이 있다〉는 자칫 익숙하게 느껴질 수 있는 제목이지만, 그 안에 담긴 길의 묘사는 역동적이다. 세상 모든 만물이 떨고 있는 존재라는 걸 인식한다면 길 또한 머물러 있는 존재는 아닐 것이다. 차윤옥 시인은 길을 꿈틀거리는 존재, 계절이 오는 통로, 문명이 피어나는 생장점, 시작과 끝을 이루는 수많은 방법과 수단들, 사랑과 이별, 생과 사의 도정들이 길 너머 길로 세월 속에 남겨져 있음을 암유한다. 길은 삶 자체이고, 삶은 길과 함께 흘러간다. 우리가 하나의 시를 바라보는 순간에도 뇌에서 일어나는 전기신호의 길과 함께 사고의 길이 열린다. 그래서 우리는 날마다 길 너머의 길을 만들며 새로운 길을 가고 있는 존재이다. 차윤옥 시인은 '길 너머 길이 나이테를 삼킨다'고 함으로써 많은 경험과 깨달음의 길들이 성숙된 삶을 만들어 감을 암시한다. 길은 새로운 희망의 출발선이고 삶의 질을 변화시키는 통로임을 감안했을 때 시원적 상징으로 끌어온 길의 이미지에서 진동하는 시인의 에너지가 느껴진다.

— 《시와 함께》 2022년 봄호 계간평 중에서
— 김기덕(시인)

차윤옥의 <비상구>

요양원에는 비상구가 없다

집으로 돌아가는 문은
열리지 않았다

아들이 의사라고 자랑하던 할머니가
시신으로 운구運柩되는 저녁나절에
비로소 하늘 문이 열렸다

집으로 돌아가는 길
아무도 비상구를 알려주지 않았다

천천히, 천천히
비상구 불빛이 깜빡거린다

문이 있다. 간절할수록 불가능해지는 문이 있다. 비통과 분노와 생존의 안간힘으로 이어지는 비상구.
  집으로 돌아가는 문은 열리지 않는다, 죽음의 주체를 받아들이며 죽음으로 기우는 침묵의 문은 감정을 숨긴다. 죽음의 이미지 가득한 죽음을 즐기는 구조의 문.

문은 고통의 역사를 공유한다.

초라한 시선으로 바라보는 문, 문, 환상적으로 배치해보는 문, 문, 내적 독백이 침묵으로 이어지는 문은 열지 않고, 열리지 않는 문은 경적을 동반하고 사라져간다.

할머니의 고통, 그리고 아무것도 할 수 없는 우리들, 문을 열면 아침이 보일까, 할머니의 새아침은 아름다웠을까. 할머니의 그림자를 납작하게 만들어 문 앞에 앉힌다. 무덤에 핀 꽃이 산 자에겐 무슨 의미로 다가올까. 저녁나절에야 열리는 문을 열고 할머니는 목적지까지 안전하게 도착했을까.

링거를 매단 긴 줄 밑에 힘없이 쳐진 팔뚝을 연상한다. 시간이 구분되지 않던 그날들, 하얀 피부의 공간을 헤집던 할머니의 팔뚝, 시간은 리셋할 수 없는 걸까,

웰-다잉을 생각하는 밤, 죽음은 아름다운 신의 날개옷, 그 광경은 품위 있고, 음악이 있고, 스토리가 있고, 참 아픈 사연이 있고, 그것을 언어 예술로 흘리는 시인이 있고, 죽음이 비옷을 입고 문을 연다. 아픈 밤이다. 몇 줄 안 되는 차윤옥 시인의 시가 저 너머 절벽을 생각하게 하는 마력을 지닌다. 창문을 닫고 요양원 침대에 누워 음악을 듣는 노을을 상상해 본다.

— 《시와세계》 2021년 봄호 계간평 중에서
— 김현신 (시인)

차윤옥의 <익선동>
―상황묘사만으로도 독자에게 희망을 전달하는 시

골목이 기웃거린다

가로등 불빛이 돋아나면
익선동거리도 눈을 뜬다

포차에서 어묵탕에 소주 한잔으로
하루를 잠재우는
고 팀장의 남루한 웃음소리
오늘도 많이 바빴다
오늘은 투명한 얼굴로 퇴근할 수 있을까

낯선 얼굴들이
비좁은 골목을 기웃거린다

1. 전염병 유행 시대의 익선동

 4연 10행으로 짜인 이 시는 《월간문학》 2021년 1월호에 수록된 차윤옥의 작품이다.
 이 시가 눈에 뛴 것은 코로나19 대유행으로 경제적 활력을 잃어버린 대한민국의 현실을 묘사한 때문이다. 언제 쓴 작품인지 정확하진 않지만, 최근작으로 유추된다. 평자가 그렇게 판단한 이유는 1연에서 "골목이 기웃거린다."라고 표현한 때문이다. 썰렁한 골목길을 찾은 사람들이 영업하는 가게를 찾아 헤매는 상황묘사이다. 텍스트를 해독하면 표면적 진술 안에 내재한 안타까움이 포착된다. 대중을 향한 위로의 목소리는 함축되었지만, 익선동의 현 상황을 시적으로 형상화 했다는 점은 의미가 깊다. 이 시는 지명地名 익선동을 그대로 '제목'으로 삼았다. 다른 시제를 붙일 수도 있었겠으나 현 상황에 대한 직관에 순응한 것 같다.

  2연의 진술을 보면 "가로등 불빛이 돋아나면/익선동 거리도 눈을 뜬다."라고 표현했지만, 시인이 찾아간 그 날의 '익선동'은 아예 눈을 뜨지 못하거나 반쯤 감긴 상태였을 지도 모른다.

  화자는 인파가 끓긴 익선동을 자신과 동일한 운명으로 인식한다. 익선동 거리가 회복되면 나도 살고, 익선동이 소외되면 나의 미래도 점점 힘들 것이라는 인식 속에서 이 시의 제목을 붙인 것 같다.

2. 현대시의 특성이 표출된 시적 기교

  시인은 어떤 상황을 전달할 때 다양한 기법을 사용한다. 과거 화려함을 철저히 위장하여 감추기도 하고, 현재의 초라함을 더 나은 방향으로 이끌어 시의 독자에게 희망을 안겨 주기도 한다. 이 시의 3연은 길거리 포장마차에서 한 잔 술로 목 축이는 시적 상황을 연출한다. 여기에서 의문이 생긴다. 아름답고 번듯한 가게들도 많은데 왜 하필 '초라한 포차'를 등장시켰을까? 골목길, 혹은 대로를 걸으면서 밧줄에 꽁꽁 묶인 채 방치된 수레를 목도

한 때문이 아닐까 싶다. 피곤에 지친 인간들에게 휴식공간이 되지 못하는 포장마차를 바라보면서 시적 모티브를 확보했을 것이다. 차윤옥은 시적 공간에서 포차의 천막을 걷어 제치고, 뜨거운 어묵탕을 끓인다. 이 시의 특징은 상황묘사와 모호한 표현에 있다. 셋째 연을 보면 화자가 동석한 느낌을 주는 고 팀장이 등장한다. '고 팀장'은 누구일까?

① '실존인물'일 수도 있다.
② 시적 공간에서 설정된 '가상의 존재'일 수도 있다.

시인은 포차상황을 묘사하면서 시적 인물을 이중화 시켜 놓았지만, 평자는 '고 팀장'을 시적 기교로 빚은 '가상인물'로 해석하고 싶다.

그렇게 판단한 근거는 3연 3행에서 "남루한 웃음소리"의 주인공이라고 소개한 때문이다.

텍스트에 등장한 "남루한 웃음" 짓는 고 팀장은 실직과 폐업으로 경제적 어려움을 당하는 모든 인간의 상징으로 등장한다. 이렇게 될 때, 차윤옥과 고 팀장이 나누는 뜨거운 어묵탕, 한 잔의 소주는 시를 읽는 독자가 모두 동참하게 되는 구조로 변한다. 행간에서 혼돈을 주거나 임의의 해석을 유도하는 시적전략은 현대시의 한 특성이긴 하지만, 이미지 조형이 쉽지 않은 작업이다.

3연에서 주목할 점은 한 가지 더 있다. '고 팀장'이라는 직위 부여이다. '팀장'이라는 직위는 일단 간부 반열에 있다. 현재 《계간문예》 주간으로 재직하고, 〈한국문인협회〉에서 사무처장으로서 근무했던 과거적 경험이 만들어낸 존중 호칭이다. 가상인물에게 높은 직위부여는 뜻 깊은 의미가 있다. 코로나19로 실직 상태에 있고, 다수의 영업장은 폐점 상태지만, 당신은 '존귀한 존재'라는 자긍심의 고취목적이다. 화자의 시적발상, 시적 기교의 절정은 '고高씨'성의 부여에서 확인하게 된다. 250여 종류가 되는 한국 성씨 중에서 '고씨'성을 취택한 까닭은 개인, 가정, 국가 경제가 위로 치솟아 더 나은 내일을 기원한다는 뜻이 내포되었다. 시의 독자를 위로하기에 가장 적합한 성씨라는 점에서 시어 취택의 신중함을 엿보게 된다.

3. 결론적 위로 메시지 — 투명한 얼굴의 대면

시의 결론인 3연 5행을 보자. "오늘은 투명한 얼굴로 퇴근할 수 있을까."이다. 화자의 시 의식 속에서 '투명한 얼굴'이란 무엇일까? 근심, 걱정, 절망 등이 사라진 밝은 표정의 모습을 뜻한다. 전염병의 확산은 지속되고 있지만, 시인은 대중을 위로한다. "투명한 얼굴로 퇴근할 수 있을까." 문장 부호는 사용하지 않았지만 미심쩍은 의문형으로 처리한다. 불안, 근심, 걱정, 소멸된 '투명한 얼굴'의 회복, 그 시기와 때는 예측불가이기 때문이다. 예방백신을 접종한 후에도 코로나19와 인간의 동거는 지속 될 것이라는 경고음이 지구촌을 덮고 있다.

공교롭게도 1914년 동명을 새로 제정한 익선동이란 지명은 '예전보다 더 좋은 일'이 생긴다는 뜻이라고 한다. 코로나19는 진행형이지만, 차윤옥의 시적 공간(익선동)에서는 종식을 기원

하는 희망 꽃이 피었다. 고 팀장은 모든 독자의 상징이다. 화자는 그 곁에 살며시 앉아 '남루한 웃음소리'가 아닌 '껄껄, 호탕한 웃음'을 듣고 싶어 한다.

4. 마무리

차윤옥의 텍스트는 읽어내기가 쉽지 않다. 아주 난해하지도 않다. 상황묘사나 언어취택에서 '숨김'과 '드러냄'이 균형을 이루었다 판단된다. 위로의 메시지를 나열하고 싶었겠지만, 언어적 풀어짐보다는 함축으로 힘과 용기와 소망을 불어넣는다. 어떤 상황이나 상태 묘사만으로 독자 앞에 던져진 이 작품은 애절한 기원이 내포되어 있어 효용가치가 있다.

이 시에서 〈익선동〉은 서울 종로구에 속한 '한 지역'으로만 볼 수는 없다. 익선동의 회복은 대한민국의 회복이며 전 세계의 경제적 회복과 연결된다. 가상인물을 시적 공간에 안치한 기발한 상상력, 창작시도는 빼어났다고 판단된다.

익선동을 자유롭게 활보하지 못하는 현실은 절망적이다. 땀 흘려 일하다가 가끔은 여권을 손에 들고 온 세상을 돌아다녀야 휴식 있는 자유로운 영혼이라 할 것이다. 참 답답한 현실이다. 심적, 영적, 우울증을 극복하는데 이 시가 도움이 되리라 믿는다. 인간은 천하보다 더 귀한 존재(고 팀장)이다. 차윤옥 시인과 어묵탕, 소주잔 기울일 회복의 그날을 기대하면서 각자 좋은 시 짓기에 힘쓰자.

― 《계간문예》 2021년 봄호 집중평설 중에서
― 손희락(시인)

차윤옥의 <바닥>

보이지 않는 바닥을 찾느라
오늘도 지구는 돌고 있다

아무리 닦아도
바닥이 보이지 않을 때가 있다
우주를 떠받치고 있는
바닥은 힘이 세다

바닥의 힘으로 견디며
바닥의 힘으로 꿈꾼다

바벨탑이 있었다.
하늘 끝에 닿게 탑을 쌓아 각종 화초를 심고 분수가 뿜어지고 폭포를 만들었다고 한다. 당시의 기술로는 첨단을 걸었던 방법이었을 것이지만 현재의 과학으로 생각한다면 도저히 이해되지 않는 높은 탑이다. 지금은 어떤가. 세계 최고 높은 아랍에미리트의 부르즈 힐리파 빌딩은 163층에 828m이다.
우리나라에도 송파의 롯데타워는 555m에 123층의 높이를 자랑한다. 이처럼 높은 건물을 어떻게 올렸을까. 여러 가지 방법이 동원되었으나 기초는 바닥이 있어서다. 바닥은 평평하게 넓이를 이룬 면을 말한다. 거기에 단단하고 튼튼한 것이 추가되어 하늘을 찌르는 높이를 올리고 그 무게를 지탱한다. 한마디로 바닥은 모든 것의 기초다. 사람의 모든 것도 바닥에서 이뤄지고 바닥으로 끝난다. 어떤 방향을 잡든 움직이려면 바닥을 박차는 것에서부터 시작한다.

차윤옥 시인은 삶의 모든 것은 심층에서 시작된다는 것을 이해하고 이런 작품을 썼다. 바닥의 힘으로 높이가 견디며 바닥의 힘으로 새로운 꿈을 꾼다. 그러나 그 바닥은 보이지 않는 마지막 힘이다. 높이 나는 새가 떨어지고 바닥을 모르던 주가가 오른다. 우리의 삶에서 치열하게 경쟁하다가 어느 하나가 떨어지면 바닥을 쳤다고 한다. 그러나 바닥은 마지막이 아닌 시작이다. 다시 도약하는 발판이다. 단순한 것 같은 바닥의 이미지로 추락하는 삶에 용기를 넣어주는 시를 쓴 시인은 경쟁사회의 승패를 떠나 다시 도약하라는 메시지를 전하고 있다.

― 《전국매일신문》 2023년 3월 8일 시평 중에서
― 이오장(시인)

차윤옥의 <길 너머 길이 있다>

세상의 길이 꿈틀거린다

봄 햇살에 전설이 들어설 때
꽃들이 덩달아 흔들리고
길 따라 계절이 바뀐다

겨울에서 봄으로 이동하는 길섶에
오솔길을 가로질러
지붕이 피어나고 건물이 솟아난다

출발지에서 종착지를 향해
수많은 지문을 숨긴 길 너머 길이
부끄럽게 숨어있다

길에 나가 바람의 행방을 물어보라
구름은 가던 길 멈추고
길 너머 길이 나이테를 삼킨다

내가 가야만 길이 된다고 하는데 그렇게 만들어진 '세상의 길이 꿈틀거리'는데 꽃길도 자갈길도 '봄 햇살에 전설이 들어서'면 '덩달아 흔들리고' 그 길을 따라서 계절의 변화가 생긴다. 전설이 깃들 만큼 봄 햇살은 대단하다. 아무 변화 능력과 역할이 없다면 누가 찾아오겠나, 봄은 온기를 품고 있어서 언 땅도 아지랑이도 녹이며 겨울을 이기는 계절이라서 봄이 나타나면 겨울이 비켜주어 봄이 가는 길의 가장자리에는 봄을 환영하는 꽃 대궐이 솟아난다. 길이 길에서 만나는 최고의 행복이다.

사람이 태어나서 끝까지 가는 것도 길이고, 길 위에서 희로애락이 있다. '출발지에서 종착지를 향해' 가는 '수많은 지문을 숨긴 길'이 나 있고 여기서 '지문'은 손가락 끝마디에 패인 주름을 상징하여 남긴 증거물을 의미할 수도 있고, 희곡에서 인물에게 지시한 내용일 수도 있는데 그 '길 너머 길이 부끄럽게 숨어 있다'로 표현한 것은 긴 여정의 행인은 실수도 할 수 있음을 말하는 것 같다.

'길에 나가 바람의 행방을 물어보라', 막힘없이 가는 바람이야 뜬구름 몰고 다니겠지, 바람이 멈추면 구름도 가던 길 멈추고서 '길 너머 길이 나이테를 삼키는 걸 가만 바라보겠지, 길이 길을 감는 것이 바로 나이테를 만들고 있음이라. 차윤옥 시인은 길 너머 길을 네비게이션처럼 훤히 아는 것 같다.

— 《뉴스 경남》 2024년 6월 4일 시동공간詩通空間 중에서
— 조승래(시인)

계간문예시인선 210

차윤옥 시집 _ 식은 찻잔

초판 인쇄	2024년 10월 25일
초판 발행	2024년 10월 30일

지 은 이   차윤옥
회   장   서정환
발 행 인   정종명
편집주간   차윤옥

펴 낸 곳   도서출판 **계간문예**
주   소   03132 서울 종로구 삼일대로 30길 21 종로오피스텔 1209호
전   화   (02) 3675-5633 팩스 (02) 766-4052
이 메 일   munin5633@naver.com
홈페이지   http://cafe.daum.net/quarterly2015
등   록   2005년 3월 9일 제300-2005-34호
연 락 처   03132 서울 종로구 삼일대로 32길 36 운현신화타워 305호
인   쇄   54991 전북 전주시 완산구 공북1길 16, 신아출판사
ISBN 978-89-6554-306-0 04810
ISBN 978-89-6554-118-9 (세트)

값 12,000원

잘못 만든 책은 바꾸어 드립니다.
저자와 협의하여 인지를 생략합니다.